TRAVELING LEAVES YOU SPEECHLESS. THEN TURNS YOU INTO A STORYTELLER.

- Ibn Battuta -

Dieses Buch gehört:

_____

☐ ....   ☐ ....

☐ ....   ☐ ....

☐ ....   ☐ ....

☐ ....   ☐ ....

☐ ....   ☐ ....

☐ ....   ☐ ....

☐ ....   ☐ ....

☐ ....   ☐ ....

☐ ....   ☐ ....

☐ ....   ☐ ....

☐ ....   ☐ ....

☐ ....   ☐ ....

☐ ....   ☐ ....

☐ ....   ☐ ....

☐ ....   ☐ ....

☐ ....   ☐ ....

☐ ....   ☐ ....

☐ ....   ☐ ....

☐ ....   ☐ ....

☐ ....   ☐ ....

☐ ....   ☐ ....

☐ ....   ☐ ....

☐ ....   ☐ ....